LECTURAS CLAVE

El hueso misterioso

Nivel 1

C. FAVRET

STRATFORD HALL
3000 Commercial Drive
Vancouver, BC V5N 4E2

en CLAVE | ELE

Dirección editorial: Raquel Varela
Edición: Brigitte Faucard
Diseño y maquetación: Alinéa
Ilustraciones: Valérie Gibert y Philippe Sedletzki
© enCLAVE-ELE | SEJER, 2006
ISBN: 2-09-034135-1
Nº de editor: 10 130 041
Depósito legal: Agosto 2006
Impreso en España por Mateu Cromo
Printed in Spain by Mateu Cromo

Sumario

Capítulo 1 – El diario de Abril 5
Actividades de comprensión 11

Capítulo 2 – En el Jardín Botánico 13
Actividades de comprensión 19

Capítulo 3 – El extraño profesor 21
Actividades de comprensión 29

Capítulo 4 – Con la clase 31
Actividades de comprensión 44

Glosario 46
Soluciones 48

Capítulo 1

El diario de Abril

12 DE MARZO

Esto es algo muy extraño, parece una novela de espías. Voy a empezar un diario a ver si así puedo entenderlo.

17:00 horas: salimos de la biblioteca Leila y yo, encontramos una cartera en una papelera y, ¿qué hay dentro? Dólares, dinares, ni un euro, un carné de identidad, una tarjeta de visita, la fotografía de una niña con una boa y... ¡un hueso envuelto en un pañuelo de papel! ¿Qué es esto? ¿Qué está pasando?

Las dos decidimos ir a ver al dueño del carné de identidad. James Rodríguez vive en la plaza del Pino y eso queda cerca de casa. Pero la suerte se acaba ahí: descubrimos que ya no vive en esa dirección. Ahora vive en la calle del Laberinto, en el número 7. Leila es mucho más valiente que yo e insiste en ir... y, a pesar de la lluvia, ¡allá vamos!

Conseguimos entrar en el edificio, ¡pero no sabemos en qué piso vive el Sr. Rodríguez! Empezamos a comprobar los nombres puerta por puerta, pero no lo encontramos...

CAPÍTULO 1

El hueso misterioso

En el sexto piso, en la puerta D, vemos algo extraño. ¡No hay ningún nombre, hay una fotografía! La observamos: ¡es la fotografía de una boa! Tal vez la misma boa que aparece en la foto de la niña... pero claro, no estamos seguras.

De todas formas, yo creo que toda esta historia es muy sospechosa. Hay un carné de identidad y una tarjeta de visita y el nombre que aparece en esta última es James R. Bond. Por otra parte, en la tarjeta está escrito que es agente, pero ¿agente de qué? Seguramente un agente secreto. ¡Claro, con este nombre! Propongo a Leila ir a la Compañía Nacional de Zoología, donde trabaja.

CAPÍTULO 1

14 DE MARZO

Al salir del instituto, Leila y yo nos vamos directamente a la Compañía Nacional de Zoología, que además está cerca del zoológico.

Al llegar, vemos a un señor rubio muy alto con un traje gris. Le preguntamos si podemos hablar con James Bond.

ÉL: ¿Bond? ¿Preguntan por James Bond?

YO: Sí, ¡queremos hablar con el agente secreto!

ÉL: ¡Ah, lo siento! Aquí no hay ningún agente secreto...

Y en ese preciso momento vemos llegar a James Rodríguez Bond... ¡¡¡con una boa!!!

Le enseño la tarjeta de visita y exclama:
—¡Mi tarjeta de visita!

—¿Usted se llama realmente James Bond? —le pregunto.

—Bueno. Mi primer apellido es Rodríguez. Pero, como profesional, utilizo el segundo, Bond, ya que es fácil de recordar, ¿no os parece?

EL DIARIO DE ABRIL

El hueso misterioso

CAPÍTULO 1

¡Estoy de acuerdo con él! Sus clientes son compradores de animales, porque en la Compañía Nacional de Zoología lo que hace es comprar y vender animales para los zoológicos de todo el mundo. Qué trabajo tan curioso, ¿no? Es casi tan interesante como agente secreto.

Leila y yo empezamos a entender: James Rodríguez guarda los dólares y los dinares en la cartera porque siempre está de viaje. La tarjeta de visita también es suya, pero aparece sólo con su segundo apellido. Empezamos a entender algo. ¿Y la niña con la boa? Nos cuenta que es su hija... Es verdad, se parecen mucho. ¿Y la boa? Pues bien, la tenemos justo delante de nosotras. La Compañía Nacional de Zoología la tiene en venta.

A pesar de todo, nos sigue pareciendo una historia muy sospechosa... Un hombre que utiliza sus apellidos como le da la gana, que pierde su cartera en una papelera, siempre de viaje... Y además, está el hueso... Pero, cuando le preguntamos, James Rodríguez no contesta. Tan sólo dice:
—Eso es otra historia.

Luego recoge su cartera, se despide y vuelve a su trabajo. Nosotras nos quedamos con una pregunta en la punta de la lengua: ¿Por qué hay un hueso en su cartera?

Actividades de comprensión

Busca la expresión en el texto y marca la respuesta correcta.

Una novela de espías es:
– un libro con espías como James Bond. ☐
– un documental donde los pájaros pían. ☐

despedirse es.
– dejar de pedir algo. ☐
– decir adiós a alguien. ☐

Es extraño significa:
– es raro, curioso. ☐
– no es nada interesante. ☐

Encuentra la palabra con ayuda del dibujo.

T _ _ _ E

Jeroglífico. ¿Cómo es Leila?

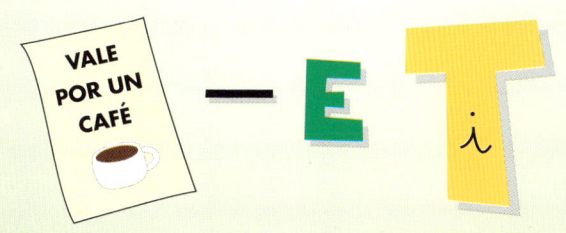

VALE POR UN CAFÉ — E T i

Leila es ....

Acertijo.

Resuelve cada parte de este acertijo para poder contestar la pregunta.

Consonante. ....

La mitad de un libro. ....

Otra consonante, que siempre va acompañada de una U. ....

Determinante femenino. ....

¿Qué ves en el cine? ....

La historia.

Contesta las siguientes preguntas.

– ¿Quién es James Rodríguez?

....

– ¿Quién es James R. Bond ?

....

– ¿Quién es la niña de la fotografía?

....

– ¿Cuántas veces aparece la boa en la historia?

....

Capítulo 2

En el Jardín Botánico

15 DE MARZO

Toda esta historia nos extraña mucho. Queremos saber más. Y si James Rodríguez no quiere contarnos nada, nosotras vamos a descubrir lo que ocurre. Leila está de acuerdo. El lunes, al salir de clase, nos vamos a ir a la Compañía Nacional de Zoología y, si vemos salir a James Rodríguez, le seguimos, como los detectives.

CAPÍTULO 2

El hueso misterioso

14

17 DE MARZO

¡Menos mal, no llueve! Leila y yo esperamos discretamente escondidas detrás de un árbol. Son las seis de la tarde. James Rodríguez debe estar a punto de salir. ¡Ahí está! Se dirige a una parada de autobús. Llega el 63 y se sube. Corremos para cogerlo nosotras también. El autobús está lleno y James Rodríguez no nos ve. Se baja y se dirige al Jardín Botánico. Anda hasta el Museo de Historia Natural. Junto al edificio hay un viejo anexo de color gris. En una placa figura: Instituto de Paleontología. ¿Qué es eso? Ya no me acuerdo... James Rodríguez llama, le abren. ¡Maldición, nosotras nos quedamos fuera! No queda más remedio que esperar detrás de un árbol... Los jardines van a cerrar dentro de poco. ¡No podemos seguir esperando!

El tiempo pasa. Leila cuenta los minutos impaciente, sin dejar de mirar el reloj.

¡Por fin se abre la puerta! Un señor mayor, con cara de sabio como el profesor Tornasol, empuja fuera a James Rodríguez. Parece muy enfadado. Se le oye gritar:

—Señor Rodríguez Bond, está usted loco, ¡totalmente loco!

Y da un portazo al cerrar la puerta. James Rodríguez parece perdido, se vuelve y llama de nuevo:

—Profesor Delgado, ¡escúcheme!

Nadie responde.

Mira a su alrededor... ¡Buf!, menos mal, no nos ve... y se marcha.

No podemos seguirle otra vez, son casi las siete y media. Hay que volver a casa. Esta historia se vuelve más y más extraña a cada minuto que pasa.

Por la noche, durante la cena, pregunto a mi madre:
—¿Qué quiere decir paleontología?

Mi hermano pequeño, Alex, se ríe y dice:
—¡Qué tonta eres! ¿No sabes nada de los dinosaurios?

¡La paleontología estudia los dinosaurios!
No contesto y me pongo a pensar: "¿Qué relación tiene James Rodríguez con los dinosaurios? Hace siglos que ya no hay dinosaurios y en la Compañía Nacional de Zoología no los venden".

EN EL JARDÍN BOTÁNICO

El hueso misterioso

CAPÍTULO 2

18 DE MARZO

Me pongo a leer un libro de mi hermano sobre los dinosaurios. Al final lo encuentro interesante. Leo sobre la vida de los dinosaurios hace millones de años; hay dinosaurios herbívoros, como el diplodocus, y feroces y carnívoros, como el tiranosauro. Pero sigo sin entender qué interés tiene James Rodríguez en el tema. Leila y yo lo discutimos. Decidimos ir a ver al profesor Delgado el miércoles próximo, ya que no tenemos clase por la tarde.

Actividades de comprensión

Busca la expresión en el texto y marca la respuesta correcta.

Esperar discretamente es:
– esperar sin dejarse ver. ❏
– esperar con mucha paciencia. ❏

Adivinanza.

El nombre de un monte de los Pirineos coincide con la situación en la que me encuentro.

P ....

....

....

Busca en el texto la palabra que corresponde.

– C _ _ _ _ _ _ _ O: que come carne.

– H _ _ _ _ _ _ _ O: que come hierba.

La historia.

Marca la respuesta correcta.
¿Por qué las chicas van al Jardín Botánico?
– Para ver el zoológico y el Museo de Historia Natural. ❏
– Para ver las plantas. ❏
– Para seguir a James Rodríguez. ❏

Responde a las preguntas.

– ¿Quién trabaja en el Jardín Botánico?

....

– ¿En qué Instituto?

....

Marca la respuesta correcta.
¿Cómo son las relaciones entre James Rodríguez y el profesor Delgado?

     BUENAS ❏   MALAS ❏

Capítulo 3

El extraño profesor

19 DE MARZO

Estamos delante del Instituto de Paleontología. Llamamos a la puerta y decimos:

—Venimos del Instituto Antonio Machado; estamos haciendo un trabajo sobre los dinosaurios y queremos saber si es posible hablar con el profesor Delgado.

El conserje no parece muy convencido, pero nos deja pasar. Menos mal, el profesor Delgado está dentro y tiene pinta de estar de buen humor. Leila le dice:

—Preparamos un trabajo sobre los paleontólogos y queremos saber qué estudian los paleontólogos actuales.

ÉL: ¡Ah! Me gusta que los jóvenes se interesen por mi trabajo. Uno llega a sentirse tan solo aquí... ¿Qué queréis saber?

LEILA: Pues un poco de todo... ¿Cómo trabaja? ¿Con quién?

El profesor se prepara una pipa, la enciende, nos mira detrás de sus enormes gafas y empieza a hablar... A mí me aburre un poco lo que cuenta y dejo de escuchar; miro los restos de esqueletos que hay en los estantes; me recuerda el Museo de Historia Natural. También hay un mapa de África con chinchetas clavadas...

CAPÍTULO 3

El hueso misterioso

Y le pregunto:

—¿Qué significan las chinchetas del mapa?

El profesor contesta:

—Son los lugares donde se encuentran los restos de los últimos fósiles de dinosaurios...

Mi cabeza empieza a pensar: "¿De qué país africano son los dinares? ¡De Túnez! Los dinares de la cartera de Rodríguez Bond proceden de Túnez!" Miro el mapa pero no hay ninguna chincheta en Túnez. Le pregunto:

—¿No hay fósiles en Túnez?

El profesor se pone nervioso:

—¡No, en Túnez no hay nada!

Este profesor nos oculta algo... Me acelero y se me escapa la pregunta:

—¿Conoce al señor Rodríguez Bond?

—¿Que si le conozco? Un charlatán, eso es lo que es. ¡Un charlatán y un loco! ¡No quiero hablar de ese señor! ¡Adiós!

El profesor se enfada muchísimo. Nos obliga a salir. Nos encontramos fuera, delante del Instituto de Paleontología y llueve. Leila me mira y parece decir: "Siempre te tienes que

CAPÍTULO 3

pasar y hablar más de la cuenta..." Me parece que tiene razón. No digo nada. Para volver a casa cogemos el metro; no decimos ni una palabra... Estamos de nuevo como al principio por culpa de mi imprudencia.

24 DE MARZO

Desde luego, Leila es estupenda. Acaba de pedir perdón al profesor y hoy vuelve a recibirnos. ¡Nos lo va a contar todo!

Cuando llegamos, nos ofrece un té muy fuerte. Por suerte, no se pone a fumar en pipa y empieza a contarnos lo siguiente:

—Desde que los dinosaurios se han vuelto a poner de moda, todo el mundo pretende descubrir algo nuevo y trae al Instituto de Paleontología las cosas más raras. Rodríguez Bond es uno de mis antiguos estudiantes y no me cae mal, pero está loco. Desde hace 25 años, dedico mi trabajo al espinosauro. Llevo 25 años intentando reconstruirlo. Sé todo lo que se puede saber sobre los espinosauros.

Le replico:
— ¡Nosotras no!

Entonces, el profesor Delgado nos explica:
—Es como un enorme lagarto con espinas en el dorso unidas por una vela. Es un bípedo carnívoro de unos 13 metros de longitud. Se encuentra en el norte de África, sobre todo en el Sáhara... Pues bien, este loco de Rodríguez Bond insiste en hablar de una nueva especie por unos fósiles que se han descubierto en Túnez, el "biespinosauro", con

CAPÍTULO 3

El hueso misterioso

espina

vela

pata

dos series de espinas en el dorso, ¡dos velas! ¡Es imposible, no sirve para nada!

El profesor se pone aún más nervioso y le pregunto:
—¿Para qué sirve la vela?

—Se supone que la vela que lleva en el dorso le sirve para captar los rayos de sol y mantener el cuerpo a temperatura constante: ni demasiado calor, ni demasiado frío.

—Tener dos velas es algo muy práctico, hace como un abanico, desplaza aire sobre el lomo y lo enfría.

—Esa es precisamente la teoría de Rodríguez Bond, ¡pero no tiene sentido! No se conoce ningún animal con dos velas en el lomo.

—¡Sí, los pájaros!

—Los pájaros no tienen vela, ¡tienen alas! Es muy diferente. No lo entendéis, no sois científicos. Por cierto, James Rodríguez tampoco lo es. Para demostrar que los biespinosauros existen me trae un hueso. ¡Seguro que es de una oveja de Túnez! Tengo la certeza que sólo quiere ganar mucho dinero; al fin y al cabo, es un comerciante, ¡¡¡y nada más!!!

CAPÍTULO 3

¡Vaya! Por fin empezamos a entender qué hacía el hueso en la cartera: ¡Se trata de un hueso de un "biespinosauro". Claro, eso si los biespinosauros existen. Decimos adiós al profesor y nos volvemos a casa.

Actividades de comprensión

En esta sopa de letras, hay cinco palabras que aparecen en el capítulo 3.

Encuéntralas con ayuda de las definiciones.
– Se usa cuando hace mucho calor.
– Los huesos del cuerpo unidos lo forman.
– Sirve para orientarse.
– Los pájaros tienen dos.
– Sirve para fijar cosas en la pared.

E	I	N	A	L	T	R	C	G	S
S	R	C	L	Q	M	V	H	T	E
R	U	T	A	B	A	N	I	C	O
N	T	H	I	U	E	C	N	R	L
O	M	A	P	A	A	S	C	R	N
H	E	T	B	L	G	D	H	F	K
J	P	R	I	V	I	A	E	Z	C
E	S	Q	U	E	L	E	T	O	J
N	R	F	I	H	M	G	A	U	D

Acertijo.

Busca las palabras y contesta la pregunta.

Sinónimo de conversación amistosa.

....

Primera sílaba de un baile famoso en Argentina.

....

¿Qué piensa el profesor Delgado de James Rodríguez?

Piensa que James Rodríguez es un ....

Ordena las letras de la palabra correctamente.

¿Cómo está el profesor Delgado?

Está   V R O N O S E I

....

La historia.

Ya sabes todo sobre las relaciones que mantienen James Rodríguez y el profesor Delgado. Marca la respuesta correcta.

Se conocen porque:
– James Rodríguez era un alumno del profesor Delgado. ❏
– Delgado era un alumno de James Rodríguez. ❏

James Rodríguez quiere demostrar que:
– los biespinosauros existen. ❏
– los espinosauros existen. ❏

Capítulo 4

Con la clase

23 DE MARZO

En el libro de mi hermano, hay una página dedicada a los espinosauros: la verdad, no son muy agradables y la vela es más grande que una persona. Se dice que son tan terribles como los tiranosauros-rex de América. A mí, personalmente, me gusta la idea del biespinosauro. Tal vez James Rodríguez tiene razón y los restos de biespinosauros existen, después de todo nunca se sabe... Podemos intentar ayudarle a convencer al profesor Delgado, ¿pero cómo?

CAPÍTULO 4

24 DE MARZO

Por suerte Leila tiene una idea para ayudar a Rodríguez Bond: hablar de nuestra aventura a Estrella, la profe de Naturales. Es muy simpática y le gustan todos los animales, incluso los prehistóricos.

CON LA CLASE

El hueso misterioso

CAPÍTULO 4

25 DE MARZO

¡Si no lo veo no lo creo! Estrella conoce al profesor Delgado: era su profesor cuando estudiaba en la universidad. Nuestra historia le parece un tanto extrañ; aún así quiere ayudarnos. Va a hablar con James Rodríguez y con el profesor.

27 de marzo

¡Ya está! Estrella es genial. El profesor Delgado nos va a dar una clase magistral sobre cómo analizar un hueso supuestamente prehistórico: un experimento práctico para toda la clase de 1.º B del Instituto Antonio Machado. ¿Y el hueso? Pues la profe lo va a traer ella misma. Se trata del hueso de James Rodríguez, aunque el profesor Delgado aún no lo sabe.

CAPÍTULO 4

1 DE ABRIL

Las explicaciones del profesor y el experimento con el hueso son apasionantes. Me empiezan a gustar las Naturales. Y además, ¡ya lo sé todo! Primero se limpia el hueso de diferentes maneras: con un pincel, con agujas, también se le introduce en un baño de ácido y se somete a un proceso de endurecimiento con resina. Luego se analiza en el microscopio, se hacen croquis y dibujos desde todos los ángulos posibles, se hacen fotografías e incluso radiografías. Por fin, con toda esta información se puede saber a qué especie pertenece el hueso, la edad que tiene...

¡Buenas noticias! Realmente se trata de un hueso de espinosauro, ¡y no de un hueso de oveja! Se sabe por la edad y por la forma: es un hueso unido a la columna vertebral. Sin embargo, el profesor permanece perplejo: habitualmente, este tipo de hueso sirve para recibir la espina que soporta la vela y presenta un orificio.

Pero en nuestro hueso hay dos orificios, ¡como para alojar dos espinas, una frente a la otra! El profesor nos explica el problema al mismo tiempo que nos enseña una radiografía de un hueso de espinosauro encontrado en Argelia. Es muy parecido, pero con un único orificio. Nuestro hueso es diferente... Y en ese momento, James Rodríguez Bond aparece diciendo:

—Este hueso no es similar, es normal, es un hueso de biespinosauro, ¡no de espinosauro!

El profesor Delgado está muy sorprendido e incluso a punto de sufrir un ataque de ira, aunque no dice nada porque está delante de toda la clase. ¿Qué es lo que va a ocurrir ahora?

CAPÍTULO 4

El hueso misterioso

38

5 DE MAYO

Hemos recibido un e-mail de James Rodríguez: el profesor Delgado acepta efectuar una investigación en Túnez sobre los biespinosauros. La cosa empieza bien, ¡guay!

CAPÍTULO 4

21 DE JUNIO

James Rodríguez ha dejado la Compañía Nacional de Zoología y es el asistente del profesor Delgado en el Instituto de Paleontología. Muy pronto sale la expedición hacia Túnez para buscar restos de biespinosauro. Está muy contento y me pregunto si su hija le va a acompañar. ¡Yo también quiero ir!

15 DE SEPTIEMBRE

¡De vuelta al insti! Y seguimos sin noticias de James Rodríguez y del biespinosauro... Estoy muy contenta porque Estrella sigue este año como profesora de Naturales. Así, puede hablar más sobre el biespinosauro...

CAPÍTULO 4

2 DE ENERO

Es estupendo, he recibido una carta de James Rodríguez. Dice que todo va bien y que tiene una sorpresa para nosotros...

12 DE MARZO

Hoy toda la clase de 2.º B acude a una conferencia en el Museo de Historia Natural del Jardín Botánico: "La reconstitución de un biespinosauro en Túnez", a cargo de James Rodríguez y del profesor Delgado, del Instituto de Paleontología.

Cuando pienso que todo empezó el año pasado con una cartera encontrada en una papelera...

Actividades de comprensión

Puzzle.
Encuentra tres palabras cultas en este puzzle.

CROS   GRA   PIO
                  FIA   FI
         DIO   CIEN
   CO   RA   MI
              TI   CO

Acertijo.
Busca las palabras, une los números del dibujo y encuentra un simpático animal doméstico.

Vocal ....

Verbo *ver*. Tercera persona del singular. ....

Onomatopeya con que se imita la risa ....

El animal doméstico es ....

La historia.
Marca la respuesta correcta.
Leila y Abril piden ayuda a su profesora de Naturales; de esta manera consiguen:
– hacer analizar el hueso de James Rodríguez por el profesor Delgado.   ❏
– hacer analizar un hueso de oveja.   ❏

El profesor Delgado analiza el hueso:
– para complacer a Estrella y a sus alumnos. ❏
– para complacer a James Rodríguez. ❏

El profesor Delgado descubre que:
– el hueso misterioso es un hueso de oveja. ❏
– el hueso misterioso es un hueso de espinosauro, pero diferente. ❏

Después de analizar el hueso, el profesor Delgado:
– piensa que los biespinosauros pueden existir. ❏
– sigue sin creer en la existencia de los biespinosauros. ❏

Verdadero o falso.
Por el título de la conferencia se puede entender que:

– Delgado y James Rodríguez han conseguido reconstituir un biespinosauro.

      VERDADERO ❏   FALSO ❏

– se han encontrado restos de esqueleto de biespinosauro en Túnez.

      VERDADERO ❏   FALSO ❏

– James Rodríguez y Delgado trabajan juntos.

      VERDADERO ❏   FALSO ❏

– James Rodríguez y Delgado no se hablan.

      VERDADERO ❏   FALSO ❏

Glosario

Acaba de pedir perdón: hace poco ha pedido perdón.

Ala: los pájaros tienen dos alas para poder volar.

A pesar de la lluvia: aunque esté lloviendo.

Bípedo: que anda con dos patas.

Boa: enorme serpiente de las zonas tropicales.

Charlatán: persona que habla mucho, casi siempre con poco contenido, en ocasiones con intención de engañar.

Chincheta:

Convencer: persuadir.

De buen humor: contento.

Dejo de escuchar: no escucho más.

Demostrar: mostrar, probar.

De nuevo: otra vez.

Edificio: un inmueble, una construcción.

Enfadarse: estar descontento.

En la punta de la lengua (tener una cosa): estar a punto de decirla.

Esqueleto: lo que forman los huesos del cuerpo unidos.

Estante:

Glosario

Extraño: raro.

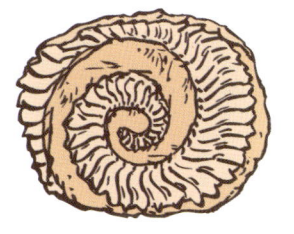

Fósil:

Hablar más de la cuenta: decir o contar algo que no debería decirse.

Ira (sufrir un ataque de ira): enfadarse mucho.

Loco: que ha perdido el juicio o la razón.

Lomo: dorso de un animal.

Me aburre: no me interesa.

Perplejo (estar): hacerse preguntas, dudar.

Ponerse (a leer): empezar (a leer).

Seguramente: sin duda, ciertamente.

Tener pinta de: parecer

Uno llega a sentirse: uno acaba por sentirse.

Volver a hacer una cosa: hacer de nuevo una cosa.

Soluciones

Capítulo 1
un libro con espías como James Bond.
decir adiós a alguien
es raro, curioso
TRAJE
VAL (-E)   I EN TE = valiente
P - LI - Q - LAS = películas

Capítulo 2
esperar sin dejarse ver.
perdido
carnívoro - herbívoro
para seguir a James Rodríguez
malas

Capítulo 3
Horizontal : abanico – mapa – esqueleto
Vertical : ala – chincheta
charla – tan = charlatán
nervioso
James Rodríguez era un alumno del profesor Delgado.
los biespinosauros existen.

Capítulo 4
científico - radiografía - microscopio
O - VE - JA = oveja
hacer analizar el hueso de James Rodríguez por el profesor Delgado.
para complacer a Estrella y a sus alumnos.
el hueso misterioso es un hueso de espinosauro, pero diferente.
piensa que los biespinosauros pueden existir.
verdadero - verdadero - verdadero - falso